AF497987

GERMANICUS,

TRAGÉDIE

EN CINQ ACTES ET EN VERS,

PAR A.-V. ARNAULT,

REPRÉSENTÉE
PAR LES COMÉDIENS FRANÇAIS ORDINAIRES DU ROI,
LE 22 MARS 1817.

Breves et infaustos populi romani amores.
TACITE.

DEUXIÈME ÉDITION

AUGMENTÉE D'UNE PRÉFACE.

PARIS,

CHAUMEROT, JEUNE, LIBRAIRE,
Palais-Royal, galerie de bois, n° 188.
1817.

PERSONNAGES.ACTEURS.

GERMANICUS, fils adoptif de Tibère, gouverneur général des provinces romaines en Orient.　　　　M. *Talma.*

AGRIPPINE, son épouse.　　　　Mlle. *Duchesnois.*

PISON, gouverneur particulier de Syrie.　　　　M. *St.-Prix.*

SENTIUS-SATURNINUS, sénateur romain.　　　　M. *St.-Eugène.*

SÉJAN, ministre et favori de Tibère.　　　　M. *Desmousseaux.*

PLANCINE, épouse de Pison.　　　　Mlle. *George.*

MARCUS, fils de Pison.　　　　M. *Michelot.*

VÉRANIUS, ami de Germanicus.　　　　M. *Firmin.*

Plusieurs conjurés.

Un premier conjuré.　　　　M. *David.*

Un second conjuré.　　　　M. *Dumilâtre.*

Amis de Germanicus.

Enfans de Germanicus.

Soldats, Licteurs.　　　　} Personnages muets.

Peuple.

Femmes de la suite d'Agrippine.

La Scène est à Antioche.

AU LECTEUR.

L'histoire de *Germanicus* est connue de tout le monde ; mais la mienne ne l'est pas même des personnes qui ont pris la peine de l'écrire.

Deux biographies, entr'autres, ont donné un précis de ma vie. L'une, celle d'*Eymery*, ne contient que des erreurs sans conséquence comme sans malveillance ; il n'en est pas ainsi de l'autre, celle des *frères Michaud*, honnêtes gens qui exploitent de compte à demi les réputations des vivans et des morts.

Le moyen le plus simple de relever toutes les erreurs qui peuvent servir de base à l'opinion publique est, je crois, de dire la vérité. La notice suivante sera dictée par elle ; tout honnête homme, qui veut me juger en connaissance de cause, doit la consulter. Il m'en coûte d'entretenir le public de moi ; mais ceux qui à ce sujet ont pris l'initiative ne m'en font-ils pas un devoir ? Je tiens à l'estime de mes contemporains ; je tiens à ma réputation ; je n'ai plus d'autres biens.

Antoine - Vincent Arnault est né à Paris en 1766 ; il a été élevé au collége de Juilly. En 1785, Madame, épouse de Monsieur (Louis XVIII), lui fit délivrer un brevet de secrétaire de son cabinet, titre purement honorifique. En 1789, il acheta de M. Silvestre, aujourd'hui membre de l'Institut, une charge de premier valet de la garde-robe dans la maison de Monsieur, charge fort chère, et dont il a perdu la finance.

Entraîné, dès l'âge le plus tendre, dans la carrière des lettres par un penchant irrésistible, *Arnault* débuta en 1791 au Théâtre-Français par sa tragédie de *Marius à Minturne*, et en 1792 il donna celle de *Lucrèce*.

Au mois de septembre de la même année, *Arnault*, qui n'avait pas embrassé les opinions de la révolution, passa en Angleterre, et de là à Bruxelles, où il fut accueilli par le prince *Auguste d'Aremberg*, auquel il avait été recommandé par *l'abbé de Montesquiou*.

En rentrant en France, il fut arrêté à Dunkerque, comme émigré, et ne sortit de prison qu'en vertu d'une décision du Comité du Salut public, qui, eu égard à sa qualité d'homme de lettres, déclara la loi sur l'émigration non applicable à ce prévenu.

Exclusivement occupé de la littérature, et vivant presque toujours à la campagne depuis son retour en France, *Arnault* fit successivement représenter, en 1794, à l'Opéra, l'acte *d'Horatius Coclès* ; au théâtre de *Favart*, *Phrosine et Mélidore*, drame lyrique, en trois actes et en vers ; au théâtre de la République, *Quintius Cincinnatus*, tragédie en trois actes ; en 1795, *Oscar*, tragédie en cinq actes ; en 1799, *Les Vénitiens*, tragédie en cinq actes. Le sujet de cette dernière pièce est tiré d'un recueil intitulé *Soirées Littéraires* où l'abbé Coupé l'a consigné ; et où il est probable que l'abbé Christophe ou l'abbé Mathieu, en faveur duquel les *frères* réclament, l'a trouvé comme moi. C'est la tragédie des *Vénitiens*, et non celle *d'Oscar*, qui est dédiée au général *Bonaparte*. L'épître dédicatoire est imprimée en tête de cette tragédie (1).

Arnault avait été accueilli avec distinction à Milan par le général en chef. Chargé par lui d'organiser dans les îles *Ioniennes* un gouvernement provisoire, cette mission honorable lui avait donné les moyens de faire agréablement le voyage d'Italie ; voyage pendant lequel la tragédie des *Vénitiens* a été composée (2).

---

(1) Elle contient les sentimens de l'auteur.

(2) Traité avec distinction, avec affection même, par l'homme qu'il admirait, il est tout naturel qu'il l'ait aimé.

En 1798 , *Arnault* fit partie de l'expédition d'Egypte, non comme officier, mais sans qualité, mais sans fonctions ; il n'est pas allé jusqu'au terme de ce voyage. Retenu à Malte par les soins que réclamait de lui la santé d'un ami en danger ; ce danger passé, il partit pour la France, sur *la Sensible*, frégate française de 36 canons, laquelle fut rencontrée et prise à l'abordage par *le Scahorse*, frégate anglaise de 50. Le capitaine *Janus Foot*, qui commandait ce dernier bâtiment, n'abusa pas de la victoire : brave homme dans toutes les acceptions de ce mot, il usa envers ses prisonniers, et particulièrement envers l'auteur de cette notice, qui n'a pas eu d'autre tablecomme d'autre chambre que celle de ce capitaine ; il usa, dis-je, envers ses prisonniers des procédés les plus généreux. Rendre ce témoignage à le mémoire de cet excellent homme (car on dit qu'il n'existe plus) c'est payer une dette d'honneur.

Arnault n'avait pris aucune part active aux révolutions qui s'étaient succédées en France ; arriva le 18 *Brumaire*.

Nommé en 1800 par le Ministre de l'intérieur chef de la division d'instruction publique, il a gardé cette place jusqu'à l'organisation de l'Université, où il était à la fois conseiller ordinaire et secrétaire-général.

Dans l'intervalle qui s'est écoulé depuis

1800, époque de sa nomination, et 1815, époque de sa suppression, ses occupations administratives ne lui firent pas négliger les lettres. Il donna en 1803, au Théâtre-Français *Dom Pèdre* ou *le Roi et le Laboureur*, tragédie en cinq actes, laquelle fut sifflée, comme le relate véridiquement la Biographie des *frères*. *La Rançon de Duguesclin* ou *les Mœurs du quatorzième siècle*, comédie en trois actes, représentée au même théâtre en 1814, n'y fut pas plus heureuse, ainsi que les *frères* le relatent aussi. Cette dernière pièce est imprimée; on peut voir à quel point elle a mérité sa disgrace. *Scipion, consul*, drame héroïque en un acte, n'a été représenté qu'à l'école de Saint-Cyr, par les élèves, pour lesquels Arnault l'avait fait d'après les désirs d'un ministre.

Comme chef de l'instruction publique, Arnault composa les ouvrages suivans : 1º, en 1804, *De l'Administration des établissemens d'Instruction publique, et de la Réorganisation de l'Enseignement*; 2º, en 1805, 1806, 1807 et 1809, quatre Discours sur le système d'Enseignement adopté alors.

Membre de l'Institut dès 1799, il a lu dans les séances publiques de la classe à laquelle il appartenait, des fragmens de *Zénobie*, et un acte des *Guelfes et des Gibelins*, tragédies inédites : il a lu aussi plusieurs fois des fables, réunies depuis dans un volume publié à Paris en 1812.

Dégagé de toute obligation par l'abdication faite à Fontainebleau en 1814, Arnault alla jusqu'à Compiègne au-devant du Roi, qui le traita avec bienveillance. Il ne réclama rien de ce que le départ des princes lui avait fait perdre.

Il continua à exercer ses fonctions à l'Université, jusqu'au mois de février 1815, époque où, d'un trait de plume, l'abbé de Montesquiou dépouilla un père de famille des restes d'une fortune fondée sur des titres littéraires, et acquise par quinze ans de travaux administratifs. *Arriva le 20 mars.*

Pendant l'intervalle qui s'écoula depuis cette époque jusqu'au retour du Roi, *chargé provisoirement de l'administration générale de l'Université*, Arnault a été nommé de plus *membre du conseil général du département de la Seine, et député du même département à la chambre de cette époque :* c'est la seule législature dont il ait jamais fait partie.

Les détails donnés par les *frères*, sur sa conduite et ses opinions dans cette chambre, sont généralement vrais, à cela près qu'il n'a jamais travaillé au journal intitulé l'*Indépendant.*

Arnault est du nombre des trente-huit personnes exilées, d'abord de Paris, puis du
royaume.

Depuis son exil, cherchant des consolations
dans les lettres, auxquelles il avait dû ses
plaisirs, il a publié, à Bruxelles, une seconde édition de ses Fables, édition augmentée d'un tiers ; et il vient de donner aux Français sa tragédie de *Germanicus*. Il a en porte-
feuille plusieurs autres ouvrages terminés, au
nombre desquels est une tragédie de *Lycurgue* ;
il travaille à une tragédie intitulée *les Préto-
riens*, et, de concert avec les libraires de
Hollande, il prépare des éditions de divers
classiques français.

Pendant les dix-sept ans qu'Arnault a fait
partie de l'Institut, ce corps l'a nommé deux
fois son président, et membre de la commis-
sion du dictionnaire. Arnault était aussi as-
socié de plusieurs académies, soit françaises,
soit étrangères, et notamment de l'Institut de
Naples, et de l'Académie de la langue espa-
gnole, à Madrid, où il avait été emmené dans
le temps par l'ambassadeur français. C'est au
sujet de son admission, dans cette dernière
société, qu'il prononça, sur les rapports qui
devaient exister entre les savans de la France
et ceux de l'Espagne, un discours que les
journaux du temps ont recueilli.

Telle est la vérité : je l'ai dite dans toute la

sincérité de mon cœur. Si, d'après cet exposé, j'ai mérité les malheurs dont je suis assailli de toute part , du moins est-il faux qu'ils aient été mérités par d'autres causes.

Surpris très-jeune par la révolution , et plutôt dominé par des affections que par des opinions , j'y suis constamment resté étranger. Je n'ai fait , quoique disent les *frères*, aucun ouvrage pour les fêtes données par les gouvernemens révolutionnaires. Si l'on m'y eût contraint, peut-être aurais-je cédé, comme tant d'autres , à qui il serait lâche de faire un crime d'avoir chanté sous le couteau ; mais je n'ai pas été dans cette triste nécessité. Les seuls ouvrages que j'aie composés pour des fêtes publiques , datent de 1807. Ils consistent en un chant lyrique , exécuté à l'Institut, et en plusieurs cantates exécutées , soit à la Ville, soit au Tuileries. Ces morceaux, qui me furent demandés par les autorités, ne célébraient pas les malheurs du monde, mais des événemens qui furent alors regardés comme un bonheur. Un bon citoyen peut les avouer.

Si les *frères* prétendent m'en faire un reproche , je les invite à se rappeler qu'ils étaient alors mes collaborateurs.

On me représente tantôt comme flatteur , tantôt comme censeur de Napoléon : je n'ai été ni l'un ni l'autre. Éloigné de lui depuis son élévation , à dater de cette époque je ne l'ai guère vu qu'en audience publique. Alors, comme autrefois en particulier, quand il m'adressait la parole, je répondais avec une liberté justifiée par d'anciennes relations ; mais sans jamais blesser les convenances. Ce n'est donc pas à lui, mais au général Leclerc, son beau-frère, avec qui j'avais été lié, que j'ai fait la réponse inexactement rapportée dans la Biographie des *frères*. Cet officier, qui, peut-être, n'avait pas dans son art un mérite supérieur à celui que je puis avoir dans le mien, m'avait dit un jour assez désobligeamment, en compagnie nombreuse : *Te voilà donc, toi qui te crois un poëte après Racine et Corneille? Te voilà donc*, lui répliquai-je, *toi qui te crois un général après Turenne et Condé?* Cette réponse était aussi juste que méritée ; les plaisanteries du général Leclerc n'étaient pas justifiées par des victoires.

Pour me peindre ingrat, on a imprimé que j'avais joui de pensions, que je n'ai jamais reçues. Je viens de faire connaître quelle était exactement ma position avant la révolution.

A une époque plus récente, indépendamment de la place qui faisait la base de ma fortune, une dotation, une action dans les bénéfices des journaux, et la décoration de la légion d'honneur, me furent accordées : ai-je été ingrat?

Etranger à toute trahison, j'ai été au devant du Roi ; mais quand l'abdication de Fontaine-

bleau me permettait d'obéir à d'anciennes affections sans en blesser de plus récentes.

Etranger à toute trahison , je n'ai eu aucun
rapport avec l'île d'Elbe ; je le jure sur mon
honneur, et j'ai le droit d'être cru.

Ruiné par des événemens qui m'ont enlevé
tout ce que j'avais acquis depuis la révolution,
sans me rendre ce que la révolution m'avait
fait perdre ; sans asile , sans autre ressource
que mon talent, l'usage m'en est interdit.
Quelques individus implacables font revivre
pour moi seul les lois destructives de la propriété ; car une industrie quelconque n'est-elle
pas une propriété ; et n'est-ce pas annihiler en
moi ma propriété, que de s'opposer à ce que
je recueille les produits de mon industrie ? Ces
principes ne sont pas ceux du gouvernement.
Tant que l'intérêt particulier n'a pas compro-
mis l'intérêt public , le gouvernement a res-
pecté les droits du citoyen dans un proscrit,
et s'est doublement honoré en cette circons-
tance. Je le remercie autant d'avoir interdit
la représentation de mon ouvrage, que de
l'avoir autorisée : la première mesure était
un acte de justice, la seconde est un acte de
prudence : quelque dommage qu'elle me
porte, je suis assez bon Français pour y ap-
plaudir.

Les privations , les besoins, le dénuement,
et tous les maux attachés à la vie errante à

laquelle je suis condamné, *je sais les supporter ;* mais ce déchaînement de la calomnie, qui redouble au moment où la fortune semble jeter sur moi un regard de compassion ; mais ces cris de fureur qui reprochent au gouvernement de m'avoir permis de m'exposer à un succès dont j'ai besoin d'être consolé ; voilà ce que j'ai peine à supporter, voilà ce qui m'afflige ; moins parce qu'il m'est douloureux d'être en butte à tant d'injustices après vingt mois de malheur, que parce qu'il m'est pénible de voir quelques Français se signaler aux yeux de l'Europe, par un tel défaut de toute générosité.

J'ai expliqué ma vie *sans prétendre la justifier.* Quelqu'opinion que l'on prenne de moi sur ces faits, conforme au caractère et aux passions du lecteur, cette opinion sera du moins la conséquence de la vérité : il peut d'après cette notice dire de moi, en sûreté de conscience, ce qu'elle lui fera penser.

Deux mots à présent sur ma tragédie.

Terminée depuis cinq ans, il y en a bientôt quatre qu'elle a été reçue par la comédie française.

C'est à Tacite que j'ai emprunté mes caractères et mes couleurs. Je me suis pénétré autant que j'ai pu de son génie. L'écrivain qui s'élèverait comme poëte à la hauteur où il s'est placé comme historien, aurait fait un chef-d'œuvre. Je suis loin d'avoir cette prétention; mais n'ai-je fait qu'un mauvais ouvrage? Lisez et jugez.

A.-V. ARNAULT.

9 782329 598178